SANTÉ & BIEN-ÊTRE

DRAGUER UN HOMME

Aborder celui qui nous plaît en toute sérénité

Par Sophie Mévisse
Sous la direction d'Antonella Delli Gatti

50MINUTES.fr

DRAGUER UN HOMME

ABORDER CELUI QUI NOUS PLAÎT EN TOUTE SÉRÉNITÉ

- **Problématique ?** Comment surmonter sa timidité ou son manque de confiance en soi grâce à des conseils infaillibles pour pouvoir aborder l'homme qui nous intéresse ?
- **Objectif ?** Se donner les moyens de séduire un homme grâce à un travail sur la confiance en soi, la communication verbale et non verbale.
- **FAQ ?**
  - Comment engager une conversation ?
  - Comment savoir si mon interlocuteur est intéressé par moi ?
  - Comment demander des informations pour garder contact ?
  - Dois-je lui dire si j'ai des enfants ?
  - Comment faire face au rejet ?
  - Comment aborder un homme dont le profil nous plaît sur un site/une application de rencontre ?
  - À quoi dois-je faire attention lors d'une rencontre en ligne ?
  - Comment planifier un premier rendez-vous ?
  - Comment s'habiller ou se maquiller pour un premier rendez-vous ?

Tous les jours, en arrivant sur votre lieu de travail, vous saluez vos collègues, et tous les jours, vous effleurez la joue de Thomas qui sent l'odeur envoûtante de son *after-shave* si agréable. Vous aimeriez bien parler davantage avec Thomas, mais vous ne savez pas comment l'aborder, comment oser lui proposer un rendez-vous ou même lui manifester votre intérêt. Vous avez déjà bien sûr échangé quelques banalités avec lui mais n'avez jamais pu faire évoluer votre relation.

Vous savez par votre collègue Émilie qu'il s'est séparé de sa compagne après quelques années de vie commune et vous vous dites qu'il est temps de tenter quelque chose, parce qu'il a ce « petit quelque chose » qui vous fait complètement craquer. Mais vous ne savez pas comment mettre toutes les chances de votre côté, vous avez peur qu'il ne soit pas intéressé : vous ne voudriez en aucun cas le faire fuir et être déçue.

Ce petit guide est là pour vous donner le petit coup de pouce dont vous avez besoin afin de savoir comment aborder un homme. Manque de confiance en soi, peur du rejet, timidité ou crainte de faire une maladresse sont autant de freins qui nous empêchent de prendre les devants quand l'occasion se présente. Avec ce guide, vous pourrez apprendre comment lire le non verbal de la personne qui vous intéresse afin de savoir si elle est également intéressée, comment lui demander son numéro de téléphone ou encore, comment prévoir un rendez-vous. Ne comptez plus sur les excuses, il est temps de conquérir l'homme qui vous attire !

LA SÉDUCTION NON VERBALE : LE LANGAGE DU CORPS

Dans ce premier chapitre, nous allons voir comment utiliser notre comportement – notre manière d'agir – afin de s'assurer une séduction efficace. En effet, dans toute communication, les intervenants sont plus sensibles à tout ce qui entoure le verbal qu'au verbal en lui-même ; il ne faut donc surtout pas le négliger ! Nous vous aiderons aussi à repérer les indices comportementaux qui attestent d'une attirance que votre interlocuteur pourrait ressentir pour vous, afin que vous puissiez vous lancer dans le jeu de la séduction sans crainte :

> « Lors d'un premier rendez-vous, j'observe son langage. Verbal et non verbal. Il est très important pour moi de savoir qui j'ai en face de moi et quelle est sa disposition par rapport à moi ; [...] ça me permet de savoir ce que je peux et ne peux pas faire. Deuxièmement, si je perçois un intérêt de la personne pour moi, ou si moi j'ai un intérêt envers cette personne, ça me permet de mieux savoir comment la séduire. Et dans ce registre, tout me donne une indication. Sa manière de parler, ses gestes, ses intonations, son vocabulaire, sa manière de se tenir. » (Greg, 30 ans)

Ainsi, le non verbal désigne tout ce qui ne passe pas par la parole pure lors d'un échange. Les mimiques, les expressions, les gestes, etc. tout est sujet à interprétation. D'après de nombreuses études en psychologie, on pourrait même considérer que seule l'information non verbale est porteuse du message essentiel d'une conversation.

LE SOURIRE

Dans une démarche de séduction, le sourire s'avère une arme fatale ; il attire parce qu'il rend sympathique, attise la complicité et adoucit les mœurs. Les hommes sont très sensibles aux femmes souriantes, considérées comme plus attirantes que celles qui ne sourient pas.

Mais attention, les faux sourires se détectent très rapidement, et se forcer à sourire n'est pas la meilleure idée qui soit. D'ailleurs, le sourire est contagieux lorsque deux personnes se plaisent : si votre interlocuteur sourit beaucoup en vous regardant, il y a de fortes chances qu'il ne soit pas du tout indifférent à vos charmes.

LES GESTES

D'après Susan Krauss Whitbourne dans son article *Are You More of a Flirt Than You Think?* (Êtes-vous plus un flirt que ce que vous pensez ?), lorsque nous sommes attirés par quelqu'un, nous allons avoir tendance à toucher davantage notre propre corps.

Il est par exemple fréquent que les femmes effectuent des gestes qui subliment la forme de leur poitrine – objet de convoitise pour de nombreux hommes. Ainsi, le fait de toucher un pendentif découvrant le décolleté est un geste de séduction ; en l'effectuant avec discrétion, comme si c'était quelque chose de « naturel », on se donne un côté sexy très attirant. Se caresser délicatement les cheveux, en y passant gracieusement ses doigts, est un geste simple qui fait également toujours son effet. Certaines préfèrent tourner la tête, pour donner un mouvement irrésistible à l'ensemble de leur chevelure. Il semblerait par contre que les hommes soient plus passifs : ils se contentent de se tenir tranquilles en maintenant le contact visuel.

Une communication efficace se caractérise par une osmose entre les gestes et le verbal : vos mouvements doivent correspondre à ce que vous dites, dans un rythme acceptable – pas de gestes trop vite car cela fatigue. Ainsi, si vous êtes dans une démarche de séduction, *a priori*, vous serez dans l'ouverture. Si malgré l'attirance, vous manifestez des gestes et des postures de fermeture, il se peut que votre interlocuteur en tire la conclusion que vous n'êtes pas vraiment intéressée ; évitez que votre corps dise le contraire de votre bouche.

En effet, des bras et/ou des jambes croisés, des expressions faciales contrariées, etc. peuvent indiquer que vous n'êtes pas favorable à la discussion et au contact. Ainsi, le fait de mettre ses doigts autour de sa gorge est un signe d'oppression, de malaise. Si vous remarquez que votre interlocuteur a des gestes ou des postures de fermeture et d'inconfort, passez votre chemin, vous vous épargnerez de l'espoir. Notez également qu'une grande timidité peut favoriser les postures de fermeture.

Dans ce cas particulier, il conviendrait de glisser dans l'échange une confession de ce trait de personnalité, en disant par exemple « je suis toujours un peu mal à l'aise malgré moi au(x) premier(s) rendez-vous, je suis une grande timide ».

LA CONGRUENCE DES POSTURES

Kate Fox, auteure du *SIRC Guide to Flirting*, insiste sur
la « congruence des postures » (« Guide to Flirting »,
in *Social Issues Research Centre UK*) comme indicateur
de proximité.

Ce concept signifie que votre interlocuteur et vous
adoptez naturellement les mêmes gestes ainsi que les
mêmes postures quand vous vous appréciez : vous êtes
en miroir. La congruence des postures fait qu'on perçoit
davantage notre interlocuteur comme quelqu'un de
semblable à nous.

Afin d'attester de ce concept de réciprocité, faites le
test ! Faites un geste très précis comme vous toucher
les cheveux, caresser l'une de vos mains ou incliner la
tête : si dans les secondes suivant votre geste, votre
interlocuteur vous imite, cela signifie très certainement
qu'il vous apprécie !

LE TOUCHER

« Ce mec m'attirait déjà, mais quand il a passé son bras
dans mon dos pour me dire bonjour [...] cela m'a vraiment
troublée, cela m'a même excitée en fait. Le toucher, ça peut
vraiment vous exciter en une fraction de seconde quand la
personne vous attire. » (Emma, 42 ans)

Avez-vous déjà remarqué que des vendeurs s'arrangent pour
faire toucher la marchandise qu'ils veulent vous vendre ?

Avez-vous également remarqué que lorsque vous touchez un objet, vous avez encore plus envie de l'acheter ? Le toucher est un sens primordial dans nos appréciations car il nous procure une impression de possession et de familiarité.

Dans les rapports humains, toucher votre interlocuteur, d'un geste faussement accidentel ou banal comme toucher l'épaule ou l'avant-bras (pour lui suggérer de changer d'endroit ou de commander un verre), devrait vous aider à créer une intimité entre vous. Ainsi, certaines entourent l'épaule de leur interlocuteur de leur bras en l'embrassant sur la joue pour lui dire bonjour ou au revoir afin d'instaurer une certaine proximité.

Il existe tout de même quelques règles à garder en tête lorsque vous voulez initier un contact physique : ne pas répéter les gestes « accidentels » parce que cela en deviendrait oppressant pour l'autre (lui donnant l'impression que vous insistez de trop) et respecter l'espace intime de l'autre (ne pas toucher le dos, la taille ou le ventre à la première rencontre).

LES EXPERTS VOUS CONSEILLENT

Jeremy Nicholson dans son article *How to Seduce and Flirt With Touch part 1* cite une étude de Williams et Kleinke de 1993. Les résultats de leur étude démontrent que le toucher accroît le désir et l'attirance, d'autant plus lorsqu'on adjoint le contact visuel au toucher.

D'ailleurs, Nicholson recommande d'user du toucher de manière faussement accidentelle comme en prenant un objet à côté de la personne qui vous attire ; même un simple effleurement peut faire de l'effet.

LA PROXIMITÉ PHYSIQUE

Dans un échange verbal, la position de notre corps par rapport à celui de l'autre est aussi un indice de la nature de nos relations.

Ainsi, en situation ordinaire, nous avons une zone d'intimité (comme une bulle autour de nous) qui nous sépare de l'autre. Si quelqu'un que vous ne connaissez pas vous parle de très près, il y a fort à parier que vous vous sentirez mal à l'aise, parce que la personne aura pénétré votre zone d'intimité.

À l'inverse, vos proches entrent habituellement dans votre zone d'intimité sans que cela ne vous dérange, lorsque vous embrassez votre mère sur la joue en touchant son épaule avec votre bras. Vous n'imagineriez pas un inconnu faire de même, cela vous mettrait certainement mal à l'aise !

> « Elle était proche de moi mais suffisamment à distance pour que le contact physique ne puisse se produire intentionnellement ou accidentellement [...] Et elle a simplement mis son épaule contre la mienne. Par sa manière de me captiver, de varier mes émotions, de créer de l'attente elle a fait monter mon désir pour elle. » (Greg, 30 ans)

Quand nous sommes attirés par une personne, nous avons justement tendance à essayer d'entrer dans sa zone personnelle. Vous avez sûrement déjà remarqué de jeunes amoureux face à face dans un restaurant : ils ne cessent de se toucher les mains et les bras tandis que leurs corps tentent d'être au plus proches l'un de l'autre malgré la table. La proximité physique est donc un indice fiable pour mesurer l'intimité de deux personnes.

Lorsque vous souhaitez séduire un homme, il est évidemment préférable d'aller vers sa zone intime, de vous rapprocher physiquement, mais sans brûler les étapes : vous devez « sentir » qu'il vous laisse entrer dans sa zone. Le fait qu'il essaie aussi de se rapprocher physiquement de vous, par certains gestes d'affection par exemple, est un bon indice sur son attirance.

Cependant, comme le signale Kate Fox dans le *SIRC Guide to Flirting*, cette distance interpersonnelle peut dépendre de votre culture : les Latins sont plus tactiles et tolèrent une plus grande proximité physique que les Britanniques, par exemple.

N'oubliez pas que certains types de personnalité sont aussi plus enclins à mettre plus ou moins de distance. En effet, si une personnalité plutôt solitaire vous maintient à distance, ce n'est pas pour autant que vous ne lui plaisez pas !

LE REGARD

> « Sinon généralement tout passe par le regard. Il ne s'agit pas de le fixer comme un merlan frit [...] mais de jeter des petits regards en coin, de se faire prendre, de détourner le regard en souriant/rougissant et de recommencer... » (Joséphine, 25 ans)
>
> *« Le regard est la clé de la séduction pour moi. On peut y déceler et y échanger la nature souhaitée de la potentielle relation à venir. » (Lili, 33 ans)*

Lorsque nous regardons quelqu'un dans les yeux, nous regardons son « âme » en quelque sorte. Il y a donc quelque chose de très intime dans cet acte qui pourrait sembler relativement anodin. Quand vous voulez signifier à un homme qu'il vous attire, plongez votre regard dans le sien. De même, un homme attiré par vous aura tendance à vous chercher du regard.

> « En tant que danseur [...] j'ai rencontré beaucoup de jolies jeunes femmes. Mais une seule d'entre elles me captivait par ses regards. Alors même que je passais un joyeux moment à rigoler avec le groupe, je la voyais tantôt rire de bon cœur tantôt me regarder avec appétit, tantôt me regarder avec amitié. Cette façon qu'elle avait de ne pas parler mais de tout communiquer par ses yeux m'a fait aller vers elle. » (Greg, 30 ans)

Néanmoins, gardez à l'esprit qu'un contact visuel prolongé peut mettre mal à l'aise certaines personnes. Les règles tacites du savoir-vivre enseignent également qu'on peut regarder son interlocuteur dans les yeux pour lui faire comprendre qu'il peut répliquer à ce que nous affirmons, dans une conversation. Lorsque nous parlons à notre interlocuteur, nous devons, théoriquement, ne pas focaliser notre regard sur lui, à moins donc de le laisser intervenir. Aussi, certaines personnes pourraient prendre comme une marque d'hostilité un regard ininterrompu de plusieurs minutes. Comme le dit Joséphine dans son témoignage, l'idéal est de jouer du regard : le détourner, marquer des pauses pour le rendre plus intense à d'autres moments. Des mouvements de regards vont attirer l'attention et attiser l'intérêt de votre interlocuteur.

> « J'ai tendance à regarder les gens dans les yeux, tout le temps. J'ai toujours aimé jouer avec le regard des hommes qui m'attiraient, fixer mes yeux dans les leurs, je crois même que je dois avoir une expression spéciale quand je séduis, et elle est très efficace. » (Emma, 42 ans)

SAVOIR SE METTRE EN VALEUR

Chaque année, les magazines féminins ne cessent de vous répéter que l'été arrive et qu'il faut que vous soyez irrésistible : vous devez avoir la silhouette de rêve, faute de quoi vous n'arriverez pas à séduire, votre peau doit être bronzée parce que c'est plus beau que d'être blanche, vous devez être à la mode, vous habiller d'une telle manière, etc. Les magazines ne sont d'ailleurs pas les seuls coupables de ce lavage de cerveau esthétique : la société en elle-même les véhicule à diverses échelles.

Les conséquences peuvent en être désastreuses. Beaucoup de femmes finissent par ne plus croire en elles et en leur potentiel de séduction, elles pensent qu'elles doivent ressembler à un modèle physique et comportemental prédéfini pour plaire. Or, comme nous le verrons plus en plus profondeur ultérieurement, la confiance en soi est aussi un élément important dans la séduction !

Si les magazines de mode et normes sociales ne cessent d'alimenter nos moteurs à complexes, vous constaterez qu'en décidant de faire face aux dictats pour vous en libérez et en vous acceptant telle que vous êtes, vous ne serez que mieux dans votre peau ! Il ne tient qu'à vous d'identifier vos atouts et de les cultiver pour vous mettre en valeur : vous avez un décolleté absolument fantastique, ou peut-être un regard d'une grande expressivité qui capte l'attention, des jambes de sirènes, des cheveux brillants, des lèvres pulpeuses, etc.

> « Ma première copine était complexée, elle se trouvait trop grosse, avec des cheveux moches, avec des cuisses trop grosses, etc. J'avoue que ça m'énervait de l'entendre tout le temps dire ça. À la même époque, j'ai rencontré une fille à une soirée chez un copain. Elle m'a tout de suite tapé dans l'œil parce qu'elle était sûre d'elle, pas hyper fière à se prendre pour la plus belle, juste bien dans sa peau. » (Brice, 35 ans)

Ainsi, n'oubliez pas mesdames qu'un beau physique ne fait pas tout : s'il est toujours appréciable, personne n'aime une belle coquille vide. Si prendre soin de soi est important, des artifices peuvent toujours être utiles pour booster notre ego et nous donner des ailes. La psychologie a encore une fois beaucoup d'importance dans notre rapport à notre corps :

vous pouvez porter une robe magnifique, si vous vous sentez dedans comme dans un parachute, vous n'allez être pas être magnifiée. Par contre, si vous portez cette magnifique robe et que vous vous sentez irrésistible, vous le serez sans doute également aux yeux des autres.

Nous allons à présent passer en revue « des outils » de la vie quotidienne sur lesquels vous pouvez vous appuyer afin de vous sentir plus séduisante !

Le parfum

Dans *Your Beauty Mark* (2015), la célèbre effeuilleuse américaine Dita Von Teese (née en 1972) délivre ses secrets de beauté. Elle y parle notamment de l'importance de l'odeur dans la séduction et dans l'inconscient – l'odeur d'un parfum rappelle des images mentales, des émotions, des choses enfouies dans la mémoire. Pour elle, le parfum est une potion magique qui envoûte, un objet indissociable de la séduction.

Dita Von Teese vous conseille de trouver votre fragrance personnelle, celle qui correspond à votre personnalité. Le parfum doit être mis là où vous voulez qu'il soit découvert, ou, comme l'a dit Coco Chanel (grande couturière française, 1883-1971) – citée par Von Teese dans son livre *Your Beauty Mark*–, « là où vous désirez être embrassée » (p. 117).

> « Je ne me lance pas des fleurs, mais mon parfum sent bon. Quand je vois une personne assez régulièrement, ladite personne finira en général par m'associer à mon parfum, et dès qu'il le sentira ailleurs, il pensera à moi. » (Joséphine, 25 ans)

Le maquillage

Le maquillage est un outil qui peut être intéressant pour séduire autant que se sentir séduisante. D'un côté, il peut mettre en valeur des atouts, créer un jeu avec sa propre image, camoufler des imperfections et ainsi stimuler notre confiance en nous.

> « Avant de porter pour la première fois un rouge à lèvres rouge, je me disais que je n'allais jamais pouvoir assumer [...] Puis, je me suis convaincue en rencontrant la fiancée d'un pote. Elle portait du rouge pétant et c'était juste beau, sexy. Alors j'en ai mis pour essayer à une soirée entre potes. Je me sentais belle, séduisante, je me suis prise au jeu de ma propre séduction, c'était absolument fantastique comme sensation. » (Emma, 42 ans)

D'un autre côté, le maquillage peut devenir aliénant et problématique s'il nous empêche de nous apprécier dans notre « état naturel ». Si vous n'arrivez pas à sortir au naturel ou si vous ne vous trouvez pas attirante sans maquillage, il est peut-être temps de remettre en question son utilisation. Le maquillage doit rester un plaisir et ne doit pas être une obligation. D'ailleurs, beaucoup d'hommes sont sensibles à la beauté naturelle : ils considèrent le maquillage comme quelque chose de plus optionnel, de moins important.

> « Mon ex était persuadée d'être moche si elle ne portait pas de fond de teint et du mascara, alors, elle se maquillait tous les jours. Je lui ai demandé une fois de rester sans maquillage, elle n'a jamais voulu. » (Diego, 33 ans)

Les vêtements

> « Je pense que la séduction ne passe pas spécialement par les vêtements. Bien sûr une petite jupe ou un beau décolleté fera toujours de l'effet. Un bout de peau nue à peine caché… Mais il y a aussi l'attitude qui va avec. Si on n'a pas l'habitude de porter la petite jupe ou le beau décolleté, tout l'effet sera gâché parce qu'on ne se sentira pas bien et ça se ressentira. Mieux vaut porter un chouette pull dans lequel on se sent bien plutôt que le plus attrayant des petits bodies en dentelle. » (Joséphine, 25 ans)

Encore une fois, ce n'est pas votre pull qui vous rendra attirante, c'est vous qui serez attirante parce que vous vous sentirez attirante !

L'auteure Camille Emmanuelle, dans son livre *Sexpowerment* (2016), aborde la question de l'aspect vestimentaire en défendant l'idée que tout vêtement ou accessoire peut être chic parce que selon elle, le fait d'avoir confiance en soi et de se sentir libérée des normes en matière d'habillement rend la femme belle et élégante. Alors un conseil : habillez-vous de la manière qui vous séduit !

EN BREF

Séduisez-vous vous-même ! Portez ce que vous voulez porter, ce qui vous mettra à l'aise et vous rendra donc attirante. Maquillez-vous si cela vous fait envie, ou ne vous maquillez pas si vous vous préférez au naturel. Trouvez votre propre style qui vous sublime. N'oubliez cependant pas que le parfum peut être un plus, il évoquera votre personnalité et laissera une trace dans l'inconscient de ceux autour de vous. Si vous voulez être sensuelle, acceptez votre féminité et laissez-vous emporter par la manière dont vous souhaitez être perçue (bohème, sexy-chic, excentrique, etc.).

LE VERBAL : UTILISER LE LANGAGE COMME ARME DE SÉDUCTION

Nous utilisons la parole en permanence. Une erreur de jugement assez répandue serait de croire que la parole prime sur les expressions de notre corps (gestes, expressions faciales). Malgré la dominance du non verbal, vous trouverez dans cette partie quelques conseils pour débuter une conversation et la nourrir.

ABORDER LE PREMIER RENDEZ-VOUS

Pour un premier vrai rendez-vous à deux, il n'y a pas de formule magique. Il faut s'adapter autant aux personnalités de chacun qu'aux circonstances. Par exemple, si votre collègue Thomas est un homme assez actif, qui aime les sensations fortes et l'adrénaline, invitez-le à aller dans un parc d'attractions, faire de l'escalade, ou des sports plus extrêmes (seulement si vous en êtes capable, ne vous forcez pas à faire des choses qui pourraient vous mettre mal à l'aise).

Dans un style actif moins extrême, pourquoi ne pas tenter une belle balade dans un endroit inédit pour tous les deux (des canaux, un bois, une ville) ?

Par contre, si Thomas est quelqu'un de plus posé qui aime la littérature, invitez-le dans une grande librairie pour flâner devant des livres une partie d'après-midi, ou à une exposition. Le cinéma et le restaurant sont aussi des classiques intemporels : le restaurant permet d'allier le plaisir des papilles gustatives au plaisir de se parler tandis que le cinéma vous entraîne dans d'autres univers. Et rien n'empêche de prendre un café avant ou après une séance.

ENGAGER LA CONVERSATION

Kate Fox développe l'idée que pour introduire une conversation, le mieux reste de faire un commentaire assez général, posé sous forme de question. L'exemple pris par Kate Fox concerne la météo britannique : d'après la chercheuse, parler du temps est un moyen infaillible de commencer une conversation outre-Manche.

Par exemple, « tiens, on se croirait presque de nouveau en automne », dit avec une intonation interrogative serait intéressant pour entamer une discussion. Le caractère très impersonnel de la question fait aussi que si votre interlocuteur n'a pas envie de créer un lien avec vous, il peut couper court tout de suite en vous rétorquant, par exemple « non, pas vraiment ». L'intérêt de ce genre d'introduction, c'est qu'on laisse le choix à notre interlocuteur : soit il ouvre une discussion, soit il ferme toute possibilité de converser. Nous sommes dès lors clairement informés de ses (non) intentions.

Kate Fox observe aussi que plus la réponse à votre question d'introduction est développée et personnelle (par personnelle, elle sous-entend l'utilisation du « je »), plus la personne a envie de vous parler – au contraire du « non, pas vraiment ».

Or nous ne sommes pas Britanniques et parler du temps peut nous paraître ennuyeux. Contextualisons : dans le cadre d'une soirée au bureau (pour un pot de départ par exemple), vous pourrez sûrement trouver un sujet de conversation ayant rapport à la musique qui enivre la soirée, aux types de boissons et de nourritures servies, à la décoration de la salle de l'événement, etc. Ainsi, vous pouvez essayer d'entamer la discussion avec votre collègue Thomas par un « toi aussi, tu te demandes comment tu as fait pour vivre jusqu'ici sans ces lasagnes aux aubergines » ? Ou encore « tu ne penses pas qu'il y aurait eu plus de place dans le placard à balais du couloir Nord » ?

L'humour est intéressant à utiliser comme accroche, mais aussi dans la conversation de manière générale. Nous utilisons l'humour pour créer une atmosphère propice à la détente et à la séduction – ce qui fait sourire notre interlocuteur.

CONVERSER

Quels sujets aborder ? Encore une fois, pas de recette miracle, cela dépend des personnalités de chacun. L'avantage serait de connaître les centres d'intérêt de son interlocuteur, savoir ce qui l'intéresse fondamentalement. Dans le cas où on ne connaît pas bien l'autre, on peut partir de sujets plus généraux (le travail, le lieu de vie, etc.) pour arriver à des points plus précis et certes plus intéressants. Avoir des sujets de conversation tout préparés ne sert alors à rien : il faut se laisser aller là où l'échange nous mène, en fonction des réponses.

Néanmoins, il faut convenir d'une chose : parler de sujets « intimes » est déconseillé pour une première rencontre (ou des premiers rendez-vous) ; par sujets intimes, nous entendons ce qui est de l'ordre du très personnel, que ce soit du décès d'un proche, d'une expérience traumatisante, etc. Aborder ce genre de sujets d'emblée avec une personne re- lativement inconnue peut donner une impression négative de vous parce que votre interlocuteur va penser que vous n'avez pas « d'intimité », que tout le monde sait tout de votre vie.

N'oubliez pas qu'une conversation doit être relativement égalitaire. Bien que l'une des deux personnes puisse s'épan- cher un peu plus longuement sur un sujet, chacun doit avoir un temps de parole relativement semblable. Dans le cas où une personne monopolise la conversation, l'effet va vitre être rébarbatif. La personne va se sentir délaissée, son interlocuteur ne marquant d'intérêt que pour lui-même, et va s'exaspérer de la discussion, aussi intéressants les propos puissent-ils être.

> « J'ai présenté une de mes potes (célibataire endurcie) à un pote (célibataire endurcit lui aussi). Ils ont été au restaurant ensemble, elle lui a raconté en détail des histoires dont il n'en avait absolument rien à foutre. Elle n'a jamais remarqué qu'il en avait marre. Il a trouvé une excuse pour déguerpir au bout d'une heure trente, et plus tard, m'a dit que ça ne l'étonnait pas qu'elle était célibataire depuis tout ce temps, elle parlait VRAIMENT beaucoup trop. » (Elena, 28 ans)

Et si cela ne colle pas ? Parfois, ce sont les circonstances qui ne sont pas favorables à des conversations de qualité : l'un des interlocuteurs est fatigué, stressé, triste, ou sim- plement « pas d'humeur ». Si vous êtes vraiment intéressée par l'autre et que vous avez l'impression que les causes de ce demi-échec sont dues à des circonstances spéciales, proposez-lui de vous revoir une autre fois, selon ce que lui préfère.

Kate Fox donne quelques précieux conseils pour partager une conversation avec une personne qui nous attire :

- **faites quelques compliments :** il ne faut cependant pas en abuser, au risque qu'ils paraissent faux et vous rendent ennuyante. Par exemple, si vous aimez sa coupe de cheveux, dites-lui qu'elle lui va bien sans vous épancher davantage ;
- **sachez écouter (l'écoute est aussi non verbale) :** si écouter est essentiel, il ne faut pas pour autant rester impassible. Il faut savoir participer en termes d'expressions faciales et corporelles en souriant à une petite blague, en faisant des mouvements de tête d'approbation, etc. ;
- **paraphrasez :** il s'agit de montrer à la personne que vous suivez parfaitement son récit et que ce qu'elle dit vous intéresse ; ainsi, vous assurez votre interlocuteur que vous l'écoutez. Par exemple, si la personne est distraite par un coup de téléphone, par un serveur ou autre, reprenez le fil dès que possible : « Tu disais donc que c'était en mai 2009, à l'université, avec ton prof de sociologie... » ;
- **riez :** l'humour détend l'atmosphère et permet parfaitement de briser la glace.

LES SILENCES

S'il faut parler du verbal, il faut aussi parler du silence qui l'accompagne immanquablement. Le silence, que beaucoup considèrent comme un ennemi, peut servir à mettre de la forme dans une conversation en créant du suspens ou en révélant une émotion par exemple. Le silence, cela peut aussi être un moyen de nourrir le non verbal en souriant, en se regardant du coin de l'œil, etc.

Faut-il éviter les « blancs » ? Non, il ne faut pas chercher à les éviter en meublant constamment (ce qui peut donner l'impression à l'autre que vous êtes mal à l'aise). En effet, les moments plus silencieux participent aussi à l'échange, mais à un autre niveau de communication.

CLÔTURER UNE CONVERSATION
ET PLUS SI AFFINITÉS...

La fin de la rencontre (ou du moment à deux) est arrivée, l'un de vous doit partir, et c'est une question de minutes. Que faire pour garder contact ? Il est important à présent de laisser votre timidité de côté, il faut être dans l'action.

Une remarque d'appréciation (un compliment) est toujours la bienvenue : « J'ai bien apprécié notre discussion », « c'était très sympathique comme moment, il faut remettre cela », « tu es vraiment drôle, j'ai bien ri, merci », suivie promptement d'une demande de contact. Là, deux possibilités s'offrent à vous : soit vous demandez son numéro de téléphone soit... vous donnez le vôtre !

Prendre son numéro de téléphone, c'est faire déjà un grand pas vers lui (à condition de l'appeler !), donner votre numéro de téléphone, c'est signifier que vous êtes intéressée, mais que vous préférez qu'il vienne vers vous – cela peut aussi attiser son intérêt, son désir. Osez faire le premier pas si vous en ressentez l'envie !

À vous de choisir la solution qui s'accorde définitivement avec votre personnalité et les circonstances. Une troisième variante consiste à suggérer d'échanger vos numéros ; le seul défaut de l'échange est que cela peut retarder la reprise de contact (le cas de figure où vous attendez chacun de votre côté que l'autre vous rappelle en premier).

> « Je lui ai demandé son numéro parce que je voulais vraiment le revoir, je sentais qu'il y avait quelque chose. Et lui-même ne m'avait pas encore demandé mon numéro, alors j'ai pris les devants. Et donc je l'ai appelé, lui ai donné un rendez-vous. Au moment du rendez-vous, il a fait les pas finaux vers moi en m'embrassant, j'avoue que je n'aurais pas osé... Mais le fait de lui avoir demandé son numéro et de l'avoir appelé lui a prouvé que j'étais intéressée. » (Emma, 42 ans)

CONFIANCE ET ASSURANCE, DES QUALITÉS QUI SÉDUISENT

Au-delà des postures et des mots, il y a aussi votre personnalité qui peut être attirante. Nous évoquerons la confiance en soi et l'indépendance qui sont des qualités appréciées des hommes.

> « Un autre élément séduisant est l'authenticité. Je me sens beaucoup plus attiré par les personnes qui acceptent de se montrer telles qu'elles sont sans chercher à polir ce qu'elles sont pour correspondre à l'idéal édicté. » (Grégoire, 28 ans)

LA CONFIANCE EN SOI

C'est assez bateau de l'affirmer, mais avoir confiance en soi, c'est sexy et cela attire. À condition, bien entendu, que ce ne soit pas excessif : quoi de plus détestable qu'une personne hautaine et trop sûre d'elle ?

Une bonne manière d'étoffer sa confiance en soi, c'est aussi de penser à ce qui nous rend unique nous, en tant que personne. Certaines sont douées en cuisine, d'autres sont d'une vivacité d'esprit remarquable. Et cela vaut aussi pour l'aspect physique comme nous l'avons précédemment abordé. L'essentiel, c'est de s'aimer, avec ses différences et ses particularités. Si vous parlez fort, jouez avec cette particularité, faites-en un atout, même comique. Si vous êtes douce, ne vous sentez pas inintéressante : assumez cette douceur, car elle est aussi protectrice et appréciée (plus que vous ne le pensez peut-être).

Certains traits de personnalité comme l'égocentrisme et le narcissisme sont relativement peu appréciés de manière générale. Veillez donc à ne pas donner l'impression – et les impressions se forgent très vite – à votre interlocuteur d'avoir ces traits de personnalité en :

- partageant les temps de parole ;
- veillant à ne pas juste parler de soi-même en « moi, je » ;
- posant des questions à votre interlocuteur (cela démontre qu'on s'intéresse à lui) ;
- laissant le temps à l'autre de développer sa réponse (ne pas l'interrompre) ;
- ne chantant pas ses propres louanges à plusieurs reprises (« je suis très belle », « je fais la cuisine mieux que les autres », « je suis plus intelligente que la moyenne », etc).

N'oubliez jamais que chaque personne est unique, avec ses qualités et ses défauts, et que se comparer aux autres ne vous pousse qu'à vous dévaloriser : personne n'est jamais aussi exigeant qu'avec soi-même !

ÊTRE CLAIRE SUR SES INTENTIONS

Cette partie aurait pu aussi bien se trouver en non-verbal, parce que nous pouvons faire preuve de transparence sur nos intentions aussi bien par nos gestes que par nos paroles.

Soyez franche et directe dans une démarche de séduction, restez vous-même et ne laissez pas de doute sur vos intentions : il faut à tout prix éviter de donner des messages contradictoires, ce qui pourrait rapidement décontenancer votre interlocuteur. De même, laisser planer un parfum de mystère en utilisant des sous-entendus est quelque peu déconseillé.

> « Une femme a essayé de me séduire en vain [...] à aucun moment elle ne m'a exprimé son intérêt autrement qu'en demi-mots et en sous-entendus. Il m'a fallu trop de temps pour comprendre ce qui se jouait. » (Grégoire, 28 ans)

En effet, il y a une différence entre le moment où on se confie ses sentiments mutuels et le fait de jouer celle qui un jour veut bien et un jour ne veut pas. Les sous-entendus sont toujours interprétés comme l'interlocuteur a envie de les interpréter : à force de faire comme si nous étions inatteignable, notre interlocuteur va finir par le croire et en conclure que nous n'avons pas envie de lui. Or ce n'est pas parce que vous êtes claire sur vos intentions que vous devez coucher le premier soir !

Une bonne manière de signifier avec élégance que vous n'êtes pas indifférente, c'est d'opter pour ce genre de phrase : « J'aime tant passer du temps avec toi, j'attends toujours nos rendez-vous avez impatience. » Gardez à l'esprit qu'à partir du moment où on déclare être intéressée par quelqu'un, l'objet de notre désir peut en retour être aussi davantage intéressé par nous ! D'où le fait que vous pouvez oser faire le premier pas et déclarer vos intentions de manière plus concrète.

> « On s'est taquinés toute la soirée, on était assez tactiles l'un avec l'autre, on a partagé des frites, une clope… mais rien de plus. J'ai parlé de mon attirance à notre ami commun qui lui a bien sûr répété l'affaire, et je pense que l'idée ayant fait son chemin, il s'est dit "pourquoi pas ?". C'était plusieurs mois plus tard et j'étais déjà passée à autre chose. » (Joséphine, 25 ans)

LE CAS PARTICULIER
DE LA RENCONTRE EN LIGNE

LE PREMIER CONTACT VIRTUEL

> « J'ai même déjà utilisé des sites et applications spécialisés. Je pense que la meilleure manière d'aborder sur ce genre de site est d'utiliser un humour franc. » (Léonard, 30 ans)

L'humour a un caractère universel quand il n'est pas offensant. Il est vrai qu'être originale (et humoristique en plus) dans la manière d'aborder quelqu'un est toujours positif. Mais comment faire mouche ?

Il est plus intéressant d'interagir avec la personne sur base du profil. Démontrez-lui que vous avez lu son profil et que quelque chose vous a interpellé. Plutôt que de dire « oh toi aussi, tu aimes Depeche Mode [groupe de pop rock britannique formé en 1979] ! », optez pour une phrase plus originale comme « Tu ne trouves pas cela dommage que Martin L. Gore [guitariste du groupe, né en 1961] ne s'habille plus en sado-maso sur scène ? ». *A priori*, ce genre de phrase (originale et non exempte d'humour) devrait permettre plus de discussion, puisque cela va provoquer une réaction et prouver que vous savez de quoi vous parlez.

Dans le même ordre d'idées, trouvez une remarque décalée à faire sur un élément du profil. Brice nous en donne un exemple assez remarquable :

> « Un pote m'avait conseillé le site Adopte un Mec, et j'ai

voulu tester. J'ai rempli mon profil un vendredi et je suis parti en week-end avec des potes. Le lundi, j'ai vu que j'avais trois messages ; le premier d'une fille qui me disait que ce n'était pas étonnant que je fasse de la boxe parce que j'avais la même tête que Rocky Balboa, avec mon nez cassé. Le deuxième et le troisième message venaient de filles très jolies, mais ils ne m'intéressaient pas, c'était trop téléphoné genre "tu veux qu'on fasse connaissance". La fille qui m'a fait rire, j'ai continué à échanger avec elle avant de la rencontrer et suis sorti avec pendant quelques mois. » (Brice, 31 ans)

PREMIER RENDEZ-VOUS ET PRÉCAUTIONS D'USAGE

Lorsque vous faites une rencontre en ligne, vous ne savez pas vraiment à qui vous avez affaire, contrairement aux rencontres hors ligne, où vous avez accès à la corporalité et au non verbal de votre interlocuteur. C'est pourquoi vous devez impérativement respecter quelques règles de base :

- donnez des informations générales assez vagues dans votre profil. Par exemple, limitez-vous à la grande ville proche de chez vous, le domaine dans lequel vous travaillez (comptable, avocate, vendeuse, serveuse) sans préciser l'entreprise qui vous emploie, etc. ;
- les informations « privées » telles que votre numéro de téléphone, votre adresse mail et votre adresse réelle seront idéalement distillées au fur et à mesure que vous pourrez faire confiance à l'autre personne. Dans la mesure du possible, utilisez la messagerie privée du site sur lequel vous avez rencontré la personne, et, si vous sentez que la personne est digne de confiance, vous pouvez don-

ner votre numéro de téléphone et/ou votre adresse mail. Votre adresse réelle ne pourra être donnée que quand la personne aura votre pleine confiance et que vous l'aurez rencontrée IRL (*In real life*, c'est-à-dire dans la vie réelle) ;

- prévoyez de rencontrer la personne assez rapidement dès qu'elle a éveillé un intérêt en vous. Plus vite vous vous rencontrez, moins vous avez le temps de vous forger des attentes et moins vous risquez d'être déçue ;
- n'hésitez pas à proposer vous-même la rencontre dès que vous avez échangé vos intentions mutuelles ;
- pour un premier rendez-vous, privilégiez les lieux publics. Un restaurant suivi d'un cinéma, une balade dans une foire médiévale, etc. préférez rencontrer la personne dans des lieux où vous n'êtes pas seuls. Prévenez toujours une personne de confiance de l'endroit où vous allez, et gardez votre portable pleinement chargé à disposition ;
- dans le cas où quelqu'un que vous venez de rencontrer en ligne vous demande des informations personnelles telles que votre numéro de téléphone, votre adresse, votre horaire de travail, ou encore votre compte bancaire, rapportez les propos à un modérateur du site web et cessez tout contact immédiatement. De même si la personne vous demande de lui envoyer de l'argent parce qu'elle est malade ou endettée, reportez-la aux modérateurs et cessez tout contact. Ce genre de stratégie est systématiquement utilisé par des personnes malveillantes.

Sur internet comme dans la vie réelle, l'important est de s'aimer soi-même et de se respecter mutuellement. Il n'existe malheureusement aucune recette miracle : le succès d'une rencontre tient pour beaucoup à vos personnalités et à vos manières respectives d'aborder les choses. Ensuite, il n'y a plus qu'à laisser la magie de la rencontre opérer...

- 31 -

FAQ

COMMENT ENGAGER UNE CONVERSATION ?

Idéalement, vous pouvez entamer la conversation en interagissant sur un élément contextuel par le biais d'une question. Par exemple, si vous êtes à une soirée d'anniversaire et que vous abordez un inconnu, demandez-lui ce qu'il pense de la salle où vous êtes (« elle est plus grande que le stade Roi Baudouin, cette salle, non ? »), ou s'il a aussi eu du mal à venir jusque-là à cause du temps (« Pas trop difficile sur la route avec ce verglas ? »), etc. Ce genre de phrase permet de savoir si la personne va avoir envie de converser avec vous : plus la réponse est longue, détaillée et personnelle (« non, le stade Roi Baudouin est quand même plus grand... par contre, dans mes souvenirs, c'est quand même plus grand que le Kinépolis, je pense »), plus la personne a envie de vous parler.

COMMENT SAVOIR SI MON INTERLOCUTEUR EST INTÉRESSÉ PAR MOI ?

S'il prend la peine de répondre à votre phrase d'accroche et qu'il fait vivre la conversation, c'est sans doute que vous ne le laissez déjà pas indifférent. Ensuite, observez son non verbal : maintient-il un contact visuel permanent ? Se tient-il à une distance physique progressivement plus rapprochée ? Essaie-t-il de vous effleurer ? Se penche-t-il vers vous pour mieux vous parler ? Si vous répondez oui à ces questions, c'est que votre interlocuteur a succombé à votre charme.

COMMENT DEMANDER DES INFORMATIONS POUR GARDER CONTACT ?

Le mieux peut être d'attendre le moment où vous allez devoir vous séparer pour rentrer chacun chez vous ; utilisez la fin de la conversation pour donner votre numéro, prendre le sien ou suggérer l'échange. La cerise sur le gâteau serait de ponctuer ce moment par un compliment ou une remarque d'appréciation comme « c'était sympathique de te parler, j'ai bien apprécié notre discussion », « merci pour cette soirée, tu es vraiment marrant », etc. Attention, n'abusez pas des compliments, un seul beau compliment sincère a plus de valeur que dix – ils auraient tendance à vous faire passer pour fausse et/ou ennuyante.

DOIS-JE LUI DIRE SI J'AI DES ENFANTS ?

Glissez assez rapidement dans vos échanges l'information, sans trop attendre. Pour certaines personnes, le fait d'être avec un partenaire qui a des enfants peut être un frein : dans ce sens, il vaut mieux être fixée au plus vite sur les sentiments de l'autre vis-à-vis de votre situation familiale, sans trop insister sur la question.

COMMENT FAIRE FACE AU REJET ?

Malheureusement, dans les relations sentimentales, la mayonnaise ne prend pas toujours. Il se peut que vous et votre interlocuteur ne vous accordiez pas d'un point de vue émotionnel, comportemental, etc. Pas de panique, c'est malheureusement la vie, n'en voulez pas à l'autre pour cela.

Cependant, relativiser vous aidera à passer outre le rejet : ce n'était peut-être ni la bonne personne, ni le bon moment pour que votre rencontre soit optimale. Ne vous arrêtez pas au rejet : aujourd'hui, l'autre ne vous veut pas, mais demain, vous rencontrerez un autre qui lui, ne voudra pas vous laisser partir.

COMMENT ABORDER UN HOMME DONT LE PROFIL NOUS PLAÎT SUR UN SITE/ UNE APPLICATION DE RENCONTRE ?

Soyez originale et montrez-lui que vous avez lu son profil, que votre intérêt ne s'arrête pas à ses photos. Interpellez-le sur base d'une information qui vous interpelle ou vous amuse ; par exemple, s'il mentionne faire du rugby sur son profil, vous pouvez lui dire : « J'espère que tu ne fais pas de plaquage au premier rendez-vous. » Cela prouve que vous avez lu son profil, que vous êtes originale dans votre manière d'aborder et drôle de surcroît.

À QUOI DOIS-JE FAIRE ATTENTION LORS D'UNE RENCONTRE EN LIGNE ?

Vous devez faire preuve de vigilance : ne donnez jamais des informations personnelles (adresse personnelle, adresse du lieu de travail, horaire de travail, compte bancaire). Le cas du numéro de téléphone et de l'adresse mail sont un peu moins personnels, mais, avant de les donner, faites usage le plus longtemps possible de la messagerie privée du site que vous utilisez jusqu'à ce que vous puissiez faire confiance.

COMMENT PLANIFIER UN PREMIER RENDEZ-VOUS ?

Dans le cadre d'une rencontre grâce à Internet, dépêchez-vous d'organiser le premier rendez-vous dès que vous êtes intéressée par la personne. Privilégiez des lieux publics pour la première rencontre.

Dans le cadre d'un rendez-vous avec quelqu'un que vous avez déjà rencontré, faites selon les personnalités (plus calme, plus actif). Le but est d'apprendre à se connaître et de passer un bon moment.

COMMENT S'HABILLER OU SE MAQUILLER POUR UN PREMIER RENDEZ-VOUS ?

Soyez bien dans votre peau, dans vos vêtements, que ce soit avec ou sans maquillage. Ne vous sentez pas être obligée d'être sexy ou maquillée, faites comme vous le « sentez ». N'oubliez pas que si vous vous sentez sexy, vous le serez.

Votre avis nous intéresse !
Laissez un commentaire sur le site de votre librairie en ligne
et partagez vos coups de cœur sur les réseaux sociaux !

POUR ALLER PLUS LOIN

SOURCES BIBLIOGRAPHIQUES

- Daniels (Samantha), « How to Be the Woman EVERY Man Is Attracted to », in *Huffingtonpost.com*, consulté le 15 février 2017. http://www.huffingtonpost.com/samantha-daniels/how-to-be-the-girls-every_b_6698954.html
- Emmanuelle (Camille), *Sexpowerment*, Paris, Éditions Anne Carrière, 2016.
- Fox (Kate), « Guide to Flirting », in *Sirc.org*, consulté le 18 février 2017. http://www.sirc.org/publik/flirt.html
- Fugere (Madeleine A.), « 3 of the Strangest Rules of Sexual Attraction », in *Psychologytoday.com*, consulté le 18 février 2017. https://www.psychologytoday.com/blog/dating-and-mating/201611/3-the-strangest-rules-sexual-attraction
- Gregoire (Carolyn), « The Strange Science of Sexual Attraction », in *Huffingtonpost.com*, consulté le 12 février 2017. http://www.huffingtonpost.com/2015/02/14/science-of-attraction-_n_6661522.html
- *Get the guy*, consulté le 19 juillet 2017. http://www.howtogettheguy.com/
- Krauss Whitbourne (Susan), « Are You More of a Flirt Than You Think? », in *Psychologytoday.com*, consulté le 19 février 2017. https://www.psychologytoday.com/blog/fulfillment-any-age/201605/are-you-more-flirt-you-think
- Leyens (Jacques-Philippe) et Yzerbyt (Vincent), *Psychologie Sociale*, Sprimont, Mardaga, coll.

« Psychologie et Sciences Humaines », 1997.

- Mévisse (Sophie), *Comment faire des rencontres sur Internet*, Bruxelles, Lemaitre Publishing, coll « 50MINUTES.fr – Santé et Bien-être », 2015.
- Nicholson (Jeremy), « How to Flirt and Seduce With Touch: Part 1 », in *Psychologytoday.com*, consulté le 19 février 2017. https://www.psychologytoday.com/blog/the-attraction-doctor/201202/how-flirt-and-seduce-touch-part-1
- *Organisation Mondiale de la Santé*, consulté le 19 juillet 2017. http://www.who.int/fr/
- *Singles in America*, consulté le 19 juillet 2017. http://www.singlesinamerica.com/2017/
- Von Teese (Dita), *Your Beauty Mark*, New York, HarperCollins Publishers, 2015.

Éditeur responsable : Lemaitre Publishing
Avenue de la Couronne 159 | BE-1050 Bruxelles
info@lemaitre-editions.com

ISBN ebook : 978-2-8080-0310-0
ISBN papier : 978-2-8080-0311-7
Dépôt légal : D/2017/12603/678
Photo de couverture : © Voyagerix – Fotolia.com

Conception numérique : Primento,
le partenaire numérique des éditeurs.